Compartir el tiempo

HOUGHTON MIFFLIN　　BOSTON

Photo credits

Cover © George Doyle/Getty Images. **Title** Stockbyte/Getty Images. **19** © Philip Mugridge/Alamy. **20** © Tracy Hebden/Alamy. **21** © Peter Arnold, Inc./Alamy. **22** © Corbis. **23** © Gary Salter/zefa/Corbis. **24** © Eric and David Hosking/Corbis. **43** © Martin Harvey/Corbis. **44** © Corbis Premium RF/Alamy. **45** © Chris Newbert/Minden Pictures. **46** © KAMARULZAMAN RUSSALI/Reuters/Corbis. **47** © Frans Lanting/Minden Pictures. **48** © George H. H. Huey/Corbis. **49** © B.A.E. Inc./Alamy. **50** © Wim Wiskerke/Alamy. **51** © JUPITERIMAGES/Thinkstock/Alamy. **52** © Jill Stephenson/Alamy. **53** © JUPITERIMAGES/Creatas/Alamy. **54** © JUPITERIMAGES/BananaStock/Alamy. **73** Brand X Pictures. **74** © 1998 EyeWire, Inc./Getty Images. **75** © Blend Images/Alamy. **76** © Vario Images GmbH & Co.KG/Alamy. **77** Blend Images/SuperStock. **78** Stockbyte/Getty Images. **97** © Mike Harrington/Alamy. **98** © i love images/Alamy. **99** © PhotoAlto/Alamy. **100** © Clare Charleson/Alamy. (inset, tennis ball) Artville. **101** © Nick Hanna/Alamy. **102** © AM Corporation/Alamy.

ISBN 10: 0-54-726278-7
ISBN 13: 978-0-54-726278-9

3456789-0868-15 14 13 12 11 10
4500227132

Contenido

TEKS 1.3B decodificar sílabas; 1.3E(i) decodificar palabras en contexto incluyendo sílabas abiertas; 1.3E(8iv) decodificar palabras por separado incluyendo grafías de consonantes

Fonética

Palabras con d, v y ga, go, gu

Lee cada oración. Luego, indica qué ilustración le corresponde a cada una.

Dame un gorro.

Agarra el saco.

Vivi ve un gato.

Ágata y Rigo

por Yinet Martín

ilustrado por Marsha Winborn

Ágata estaba animada con su
nuevo amigo.
Rigo estaba animado con su amiga.

¿Qué le pasa a Ágata?
Está en cama. Tose y tose.
Está agotada. Está mocosa.

¿Qué le pasa a Rigo?
Está en cama. Tose y tose.
Está agotado. Está mocoso.

Ágata está animada de nuevo.
Rigo está a su lado.
—Pégale a la pelota —dijo
Ágata.

Rigo toma el bate.

—Dale, Rigo, dale —lo anima
Ágata. Rigo le da a la pelota.

—Corre, Rigo, corre —lo
anima Ágata.

Ágata se va a casa de la mano
de su mamá.
Rigo se va a casa de la mano de
su mamá.

Fluidez

Enlaces Piensa en una ocasión en la que hayas estado enfermo y luego te hayas curado. ¿Cómo te sentiste al curarte?

Expresividad Lee "Ágata y Rigo" en voz alta junto con un compañero, una página cada uno. Piensa en los sentimientos de los personajes para ayudarte a leer expresivamente.

TEKS **1.3B** decodificar sílabas; **1.3E(i)** decodificar palabras en contexto incluyendo sílabas abiertas; **1.3E(8iv)** decodificar palabras por separado incluyendo grafías de consonantes

Fonética

Palabras con d, v y ga, go, gu

Lee las palabras para subir la colina y bajar. Usa dos palabras o más en una oración.

Así es Pato

por Yinet Martín

Era un bonito día.

Pato iba con otros patos.

¡Arriba, Pato, arriba!

Pato viene con otros patos
y se mete en el lodo.
¡Qué divino es el lodo!

Pato va al lago.
Camina a su modo.
Tiene un nuevo amigo.

Pato se mete en la laguna.
Se mete de un modo loco.

Pato nada.

Nada con otros patos.

Pato reposa en la loma.
Nadie está con él.
¡Anida solo!

TEKS **1.5** leer en voz alta con expresión/fraseo apropiado/comprensión; **CL1F** hacer conexiones con experiencias/textos/la comunidad y discutir evidencia textual

Investigación 

Leamos juntos

Comparte lo que sabes

Comenta con un compañero lo que sabes acerca de los patos.

Preguntas ¿Qué te gustaría aprender sobre los patos? Junto con tu compañero, escribe algunas preguntas sobre cosas que quieras saber acerca de los patos. Piensa cómo podrías hallar la respuesta a esas preguntas.

TEKS **1.3B** decodificar sílabas; **1.3E(i)** decodificar palabras en contexto incluyendo sílabas abiertas; **1.3E(8iv)** decodificar palabras por separado incluyendo grafías de consonantes

Fonética

Palabras con d, v y ga, go, gu Lee todas las palabras. Encuentra tres palabras con **d** en una columna.

miga	voto	nada
gusano	vale	duda
mago	vida	modo

Dina y su maleta

por Yinet Martín
ilustrado por Diane Paterson

Era un bonito día. Ana estaba
sola.

Ven a casa, Dina —dijo Ana.

—Sí, sí —se animó Dina—.
Dame un minuto.

Dina sacó su maleta.

Era un regalo de Mamá.

Dina mete mucha ropa.
Dina mete sus gorros.

Mete un pato de goma.
Agarra todo lo que tiene.
¡Y lo mete en su maleta!

Dina corre al lado.

Ve a Ana.

Dina la saluda.

Empleo de mayúsculas

Emplear mayúsculas   La primera palabra de una oración comienza con mayúscula.   Lee las siguientes oraciones.

> Mete un pato de goma.
> Agarra todo lo que tiene.
> ¡Y lo mete en su maleta!

Encuentra la palabra **mete**.   ¿En dónde comienza con **m** minúscula? ¿En dónde comienza con **m** mayúscula? Escribe dos oraciones con **mete**, una en la que esa sea la primera palabra y otra en la que no lo sea.

TEKS **1.3B** decodificar sílabas; **1.3E(i)** decodificar palabras en contexto incluyendo sílabas abiertas; **1.22F** deletrear usando conocimiento silábico/partes de la palabra/segmentación de palabras/división de sílabas

Fonética

Palabras con ch, ñ y j Lee las palabras. ¿Puedes separarlas en sílabas? Lee las palabras nuevamente, prestando atención a la segunda sílaba de cada una.

¡Qué animal fabuloso!

por Olga Duque Díaz

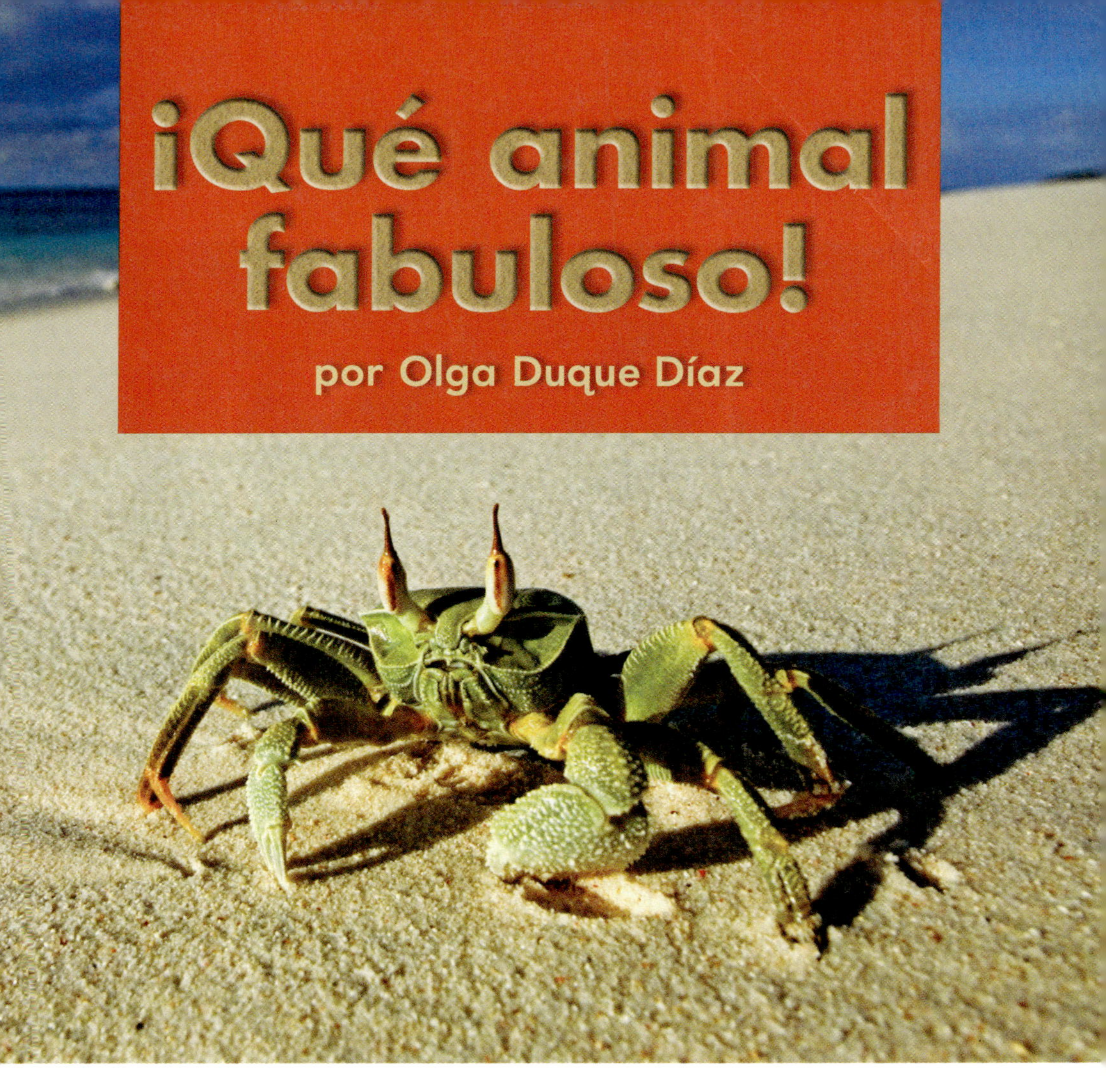

Paso a pasito, va este animalito.

¿Cómo es este animal?

¿Qué hace aquí?

Todo lo ve. Nadie lo toca.
Se fatiga y reposa en una roca.

A cada rato, se da un baño.
¡Y nada le hace daño!

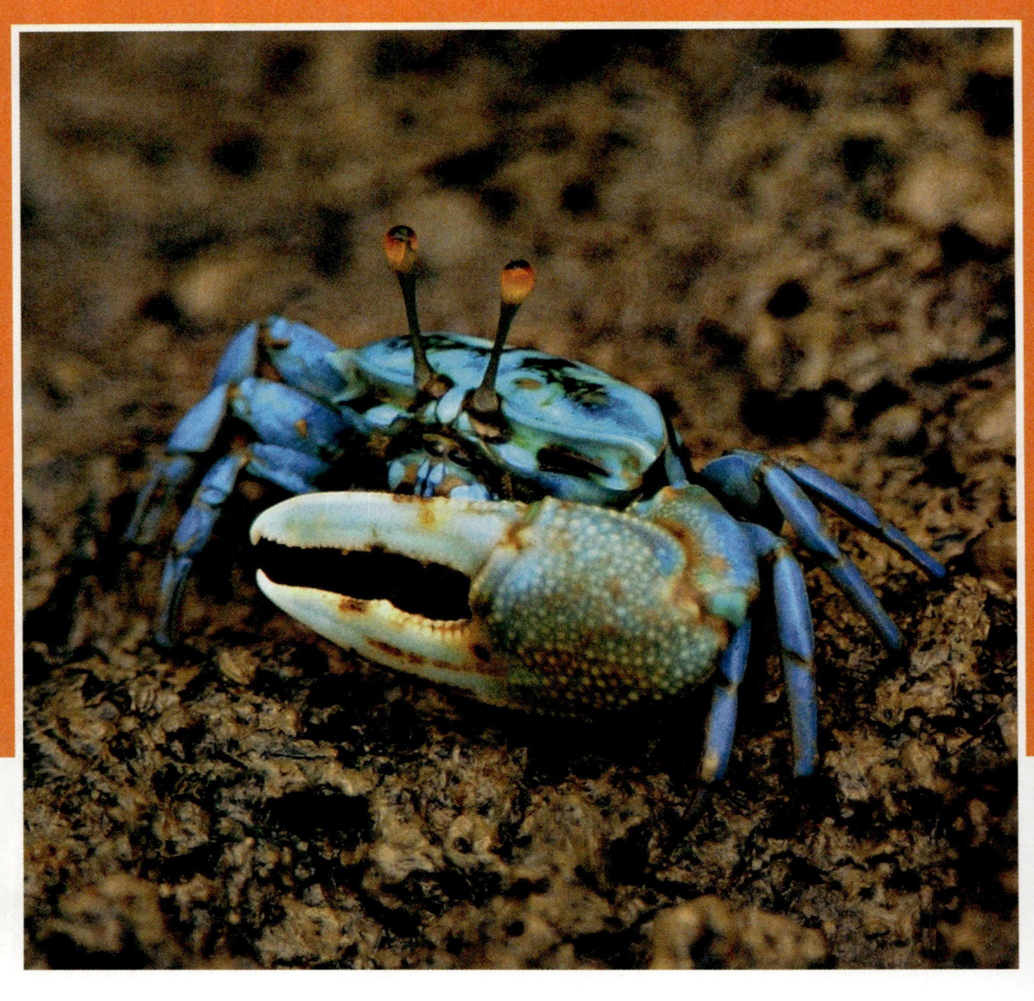

Camina por la roca o por lodo.
Agarra mucho. ¡Lo agarra todo!

¡Qué bonita se ve la roca así!
Muchos, muchos vienen aquí.

¡Deja un dibujo jocoso!
¡Qué animal fabuloso!

TEKS **1.21C** reconocer/usar los signos de puntuación al comienzo/final de las oraciones; **1.22H** familiarizarse con el uso de los acentos

Fluidez

Signos de puntuación Túrnense con un compañero para leer en voz alta "¡Qué animal fabuloso!". Usa estas claves como ayuda para leer con fluidez.

Un punto indica el fin de una oración.

Los signos de interrogación encierran una pregunta.

Los signos de admiración indican que debes leer con emoción.

Las comas indican que debes hacer una pausa en tu lectura.

Fonética

Palabras con ch, ñ y j Lee las palabras del recuadro. Lee las oraciones. Usa las palabras para completar las oraciones.

niño	muchos	cajas

1. Papá no usa __________.

2. El __________ mira la construcción.

3. El muro tiene __________ ladrillos.

¿Qué hace Papá?

por Olga Duque Díaz
ilustrado por John Ceballos

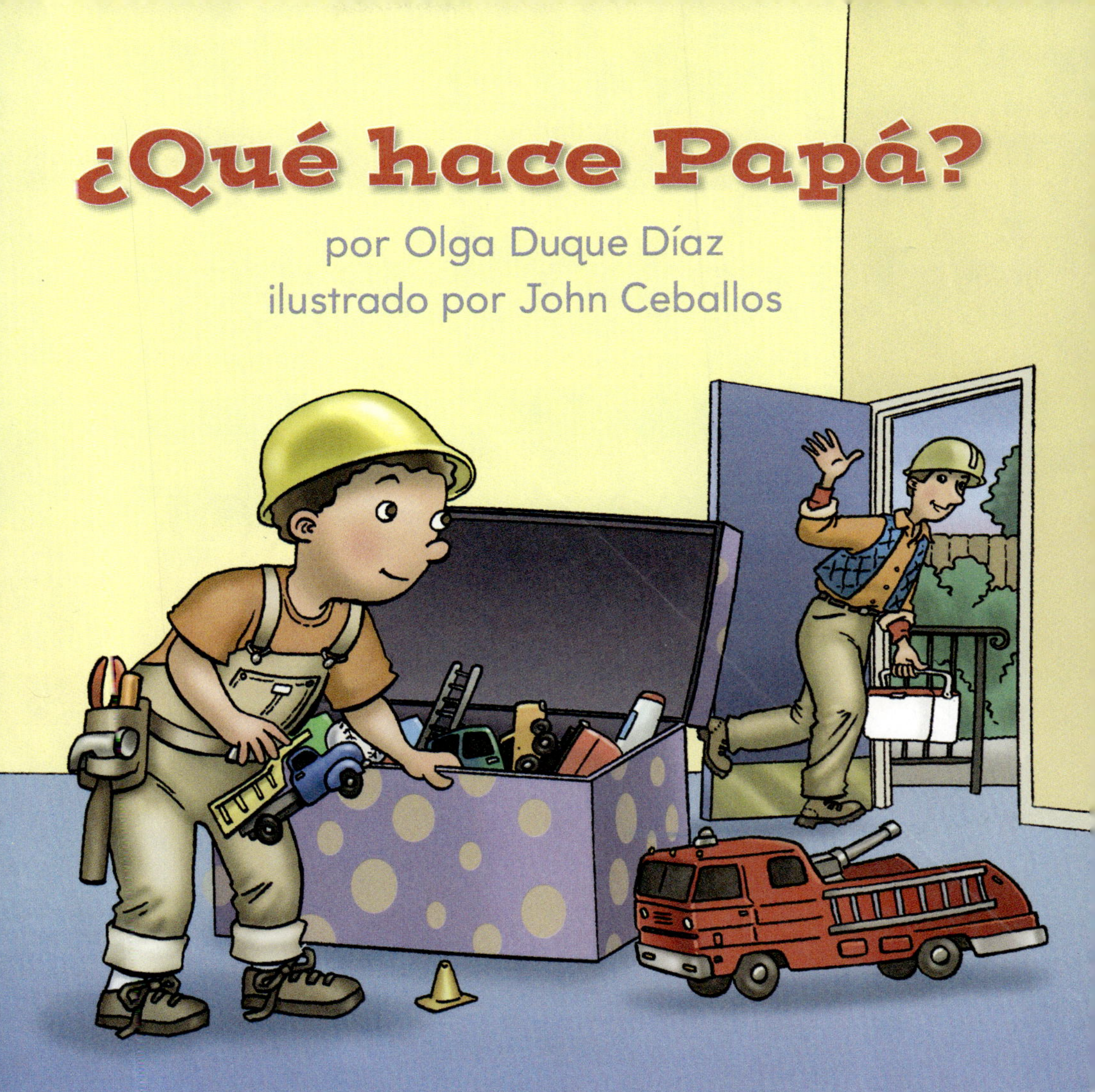

Papá hace una seña y se va.
Nacho está aquí, en casa.
¿Qué hace Nacho?

¿Qué hace Papá?
Papá sube la peña.

¿Qué hace Nacho ahora? Nacho
tira la cama del carrito.

Papá saca cada roca de la peña.
¿Cómo lo hace?

Nacho saca cada roca.

No lo hace nada mal.

Papá está por fin en casa.
Nacho pone cada ficha
para Papá. ¡Qué animado
está Nacho ahora!

Información del libro

Partes del libro   Acabas de leer "¿Qué hace Papá?".

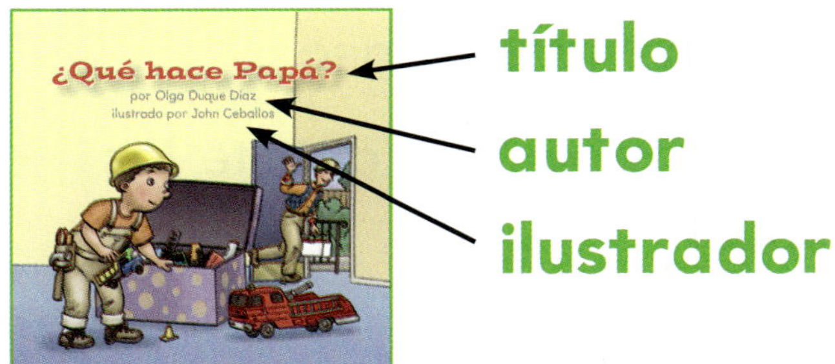

El **título** es el nombre del cuento. Señálalo. El **autor** o la **autora** es la persona que escribió el cuento. ¿Quién escribió este cuento? El **ilustrador** o la **ilustradora** es la persona que hizo los dibujos. Señala el nombre del ilustrador.

TEKS **1.3B** decodificar sílabas; **1.3E(i)** decodificar palabras en contexto incluyendo sílabas abiertas; **1.3E(7iii)** decodificar palabras por separado incluyendo mezcla de consonantes

Fonética

Palabras con ch, ñ y j Lee las palabras. Encuentra el dibujo de esa fila que coincide con la palabra. Luego, sigue estos pasos.

1. Copia en una hoja aparte las palabras.

2. Lee las palabras nuevamente. Presta atención al sonido **ch**, **ñ** o **j**.

3. Inventa oraciones para combinar cada palabra con el dibujo.

niños			
techo			
tejido			

Un regalo para Papá

por Olga Duque Díaz

ilustrado por Julia Gorton

Chacho ve la fecha.

—Estoy animado —dijo Chacho.

Doña Peña le da una gorra.
—Es mi regalo para Papá
—dijo Chacho.

Aquí está Cachita.

Cachita tiene una ranita.

¿Qué hace la niña con su rana?

Papá saca la gorra. Papá saca
la rana.

—¡Qué muchachita! —dijo Chacho.

Papá ama su regalo.
Él pone la rana en la gorra.
A Cachita le da mucha risa.

 **TEKS** **1.17A** generar ideas para escribir; **1.17E** publicar/compartir el trabajo escrito; **1.18A** escribir historias breves

Escritura

Regalos   Piensa en un regalo que le hayas hecho a alguien. Haz una ilustración del regalo. Luego, coméntalo con un compañero.

Escribe y comenta   Junto con tu compañero, escribe un cuento corto acerca de una persona que hace un regalo. Coméntalo con el resto de la clase.

Fonética

Palabras con ll y r media   Lee las palabras para seguir el camino. Usa dos o más palabras en una oración.

En la colina

por Aiztinay Ticino
ilustrado por Sonja Lamut

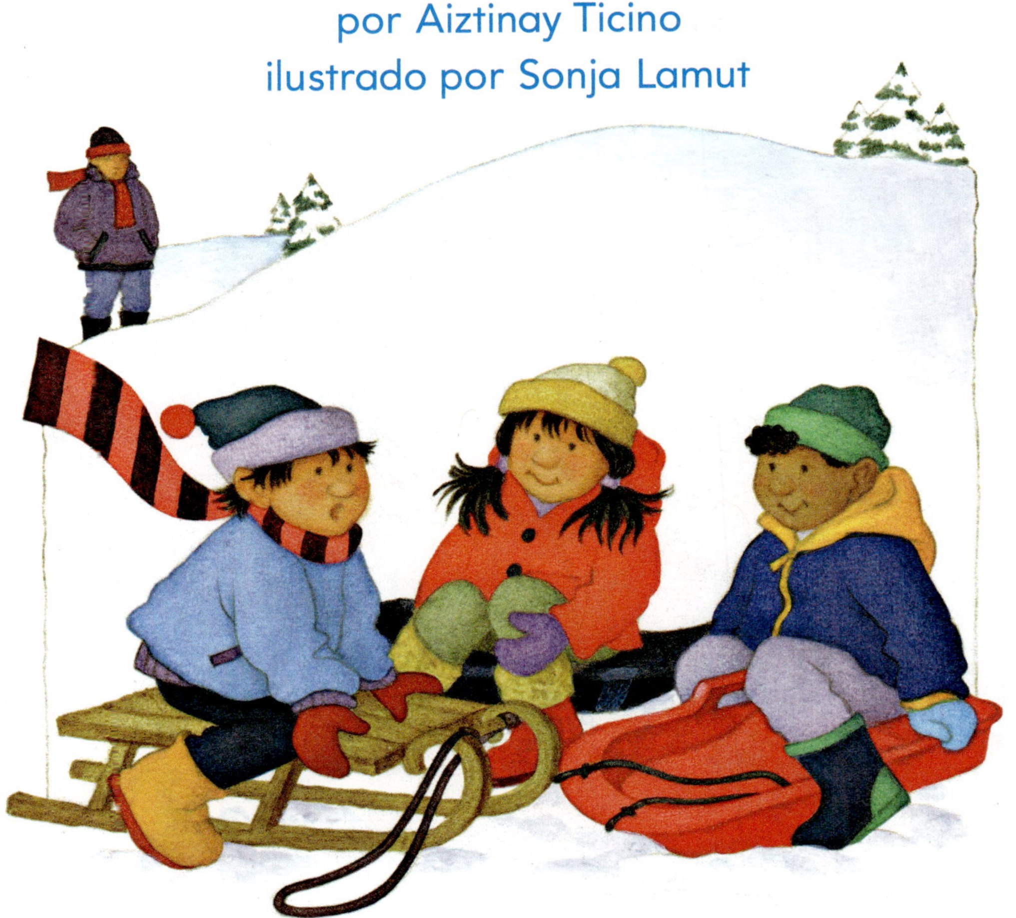

A Sara, a Tello y a mí nos agota
la loma nevada.

Yo subo la colina.

¿Está alguien a mi lado?

Sara sube la colina.
Ella está a mi lado.

Tello sube la colina.

Él se para.

—¡Apúrate, Tello!

—lo llama Sara.

¿Han llegado? ¡Sí!
¿Qué va a hacer cada uno ahora?
Tello da la seña.

¡La subida es pesada!
¡Pero qué rica es la bajada!
¡Yupi!

Vocabulario 

Palabras de acción

> sube   llama   llega   da

Represéntalo   Junto con un compañero, escribe las palabras en una tarjeta. Elige una tarjeta y representa la acción para que tu compañero la adivine. Luego, pídele que represente la acción de otra tarjeta e intenta adivinarla.

Fonética

Palabras con ll y r media Estas palabras están mezcladas. Léelas. Luego, anota las que tengan sílabas con **ll** en una lista y las que tengan sílabas con **r** media en otra lista. Después, lee las dos listas.

Arriba, arriba

por Aiztinay Ticino

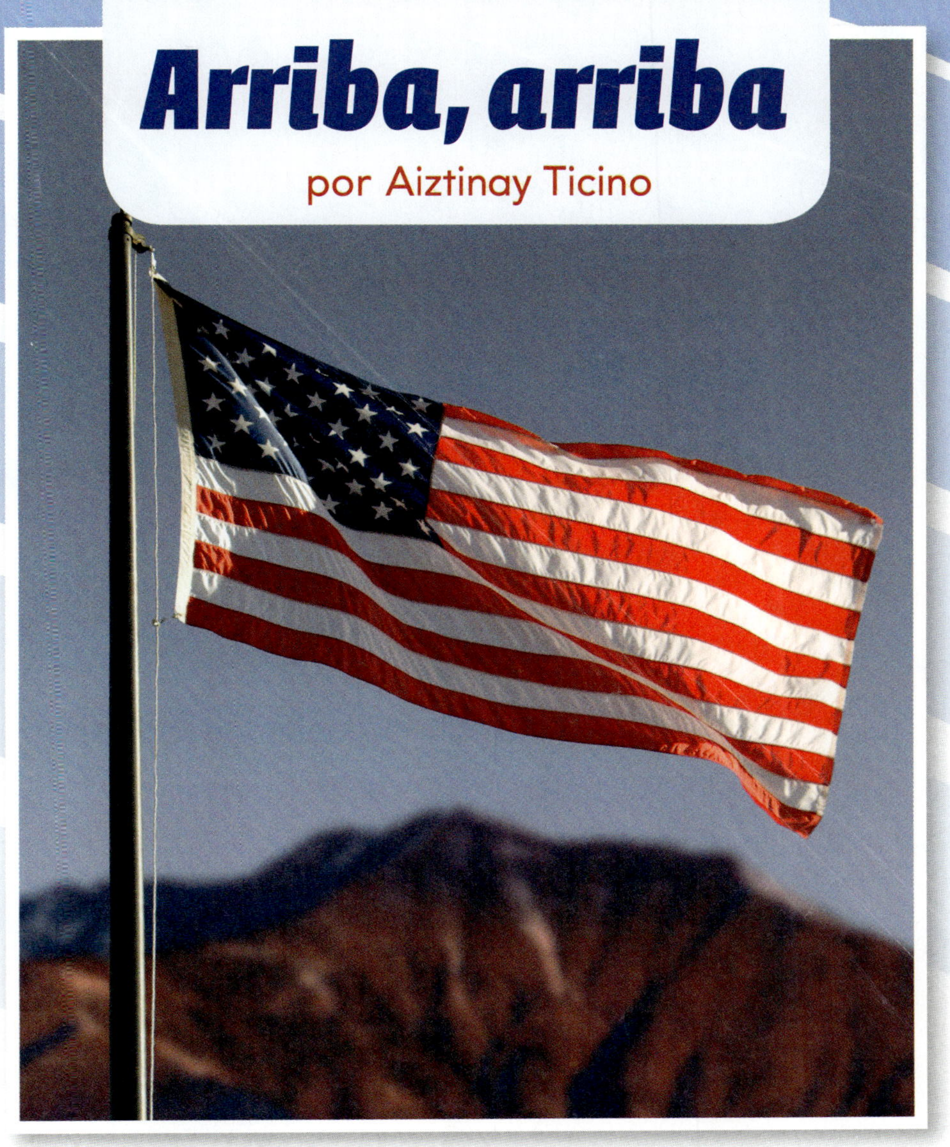

Ella sube, sube, sube.

No está dentro de una casa.

Está arriba, arriba, arriba.
Se ve aquí y allá.

Cada día del año,
yo la saludo.

Aquí estamos. Cada uno la sujeta
por un lado. ¡Qué bella es!

¿Qué lleva cada niño?
Nos anima.
Nos llena de cariño.

Mi amiga Charo está animada.
¡Ella es americana!

Enlaces

Crea una bandera   Piensa en lo que has aprendido acerca de las banderas a partir de la lectura de "Arriba, arriba". Piensa en las banderas que has visto.

Dibuja tu propia bandera. Comenta a un compañero por qué te gusta tu bandera. ¿Dónde te gustaría izarla?

Fonética

Palabras con ll y r media   Lee las oraciones sobre el siguiente dibujo. Señala las palabras que tengan sílabas con **ll** o **r** media.   Luego, escribe dos oraciones con estas palabras.

1. El parque está lleno de niños.

2. Los niños deben llevar cascos para montar en bicicleta.

3. Los niños practican para una carrera.

Gallina y Pata

por Aiztinay Ticino

ilustrado por Linda Bronson

Alguien corre. Es Gallina.
¿Por qué está apurada?

Gallina tiene mucho que hacer.
—Es un día cálido —le dijo
Gallina a Pata.

Gallina corre por la loma.
Pata hace una maroma.

Pata ama la orilla.
Gallina se aleja una milla.

—¡Báñate en el lago! —le dijo Pata.
Pero Gallina solo se moja una pata.

Gallina y Pata la han pasado
de maravilla.
Pero ahora toca un rato de
reposo.

TEKS **1.4B** hacer preguntas/buscar clarificación/localizar hechos y detalles sobre los textos;
1.4C establecer un propósito para leer textos/supervisar la comprensión

Decodificación 

Leamos juntos

Lee con atención   Lee este cuento:

Un animalito cariñoso volaba al lado de la gallina. Ella se enojó, pero él no paraba. La gallina se lo dijo y él voló a otro lado. Ahora cada uno tiene su morada.

Piensa   ¿Crees que has leído cada palabra correctamente? ¿Cómo lo sabes? Si te resulta difícil leer una palabra, ¿qué puedes hacer para lograr leerla correctamente? Relee el cuento.

TEKS **1.3B** decodificar sílabas; **1.3C** usar el conocimiento fonológico para emparejar sonidos; **1.3E(i)** decodificar palabras en contexto incluyendo sílabas abiertas; **1.22H** familiarizarse con el uso de los acentos

Fonética

Palabras con y, con ce, ci y con ge, gi Lee cada pregunta. Halla la ilustración que responde la pregunta. Lee las preguntas nuevamente. Di qué palabras tienen sílabas con **y**, cuáles tienen **ce** o **ci** y cuáles tienen **ge** o **gi**.

¿Qué hace Yoli para pasar la noche?

¿Qué animal se llama Gerónimo?

¿Qué hace que yo no pise el piso?

¡Qué rica comida!

por Aiztinay Ticino
ilustrado por Diane Blasius

Yuli es vecina de Yoli.
¿Qué dibuja Yuli?

—Me parece que alguien
dejó comida abajo —dijo Yuli.
Ella baja desde arriba y Yoli
espera arriba del árbol.

—Me parece que alguien
dejó comida abajo —dijo Yoli.
Ella baja desde arriba.

Yuli toma una caja roja.

Está cerrada y es pesada.

¿Qué va a hacer Yoli?
Ella elige una ramita.
¿Para qué usa la ramita?

¡Qué divertido!
¡Qué rica comida!

TEKS **1.4B** hacer preguntas/buscar clarificación/localizar hechos y detalles sobre los textos; **1.4C** establecer un propósito para leer textos/supervisar la comprensión

Preguntas

Leamos juntos

Piénsalo Si no entiendes alguna parte de lo que lees, hazte una pregunta sobre la lectura. Luego, vuelve a leerla para hallar la respuesta.

Comenta el cuento "¡Qué rica comida!" junto con un compañero. Túrnense para hacer preguntas sobre el cuento. Luego, respondan las preguntas.

TEKS **1.3B** decodificar sílabas; **1.3C** usar el conocimiento fonológico para emparejar sonidos; **1.3E(i)** decodificar palabras en contexto incluyendo sílabas abiertas

Fonética

Palabras con y, con ce, ci y con ge, gi Lee cada oración y encuentra la ilustración correspondiente. Luego, vuelve a leer las oraciones. Di qué palabras tienen **y**, cuáles tienen **ce** o **ci** y cuáles tienen **ge** o **gi**.

Regina hace un dibujo.

Tomi baja ligero.

Yiyo sube al décimo piso.

Fabulosa Regina

por Yanitzia Canetti

ilustrado por Mircea Catusanu

Regina se sabe un pasito.
Ella es fina como un palito.

Regina se paró en una pata.

—¡Fabuloso! —le dice Renata.

Regina hizo una maroma
maravillosa.

—¡Qué bonito! —le dice Rosa.

¿Qué hizo ahora Regina?

—¡Qué divertido! —le dice Tina.

Regina gira, gira y gira.

—¡Qué bello! —le dice Cira.

La llamaban y aplaudían sin
parar y Regina no dejaba
de saludar.

TEKS **1.3D** decodificar la "y" cuando se usa como conjunción; **1.6A** identificar verbos/sustantivos; **1.20A(1)** comprender/utilizar verbos (pasado/presente/futuro) del modo indicativo

Escritura

Leamos juntos

Planea y escribe Estas son algunas de las maneras en las que se mueve una persona.

> corre   gira   hace
> una maroma   choca las manos

Haz una ilustración que muestre una manera de moverte que te guste. Luego, escribe dos oraciones sobre la ilustración. Puedes usar uno de los verbos del recuadro.

Recuerda Puedes unir las dos oraciones con la letra y.

Fonética

Palabras con y, con ce, ci y con ge, gi Lee las palabras de cada escalera. Di cuáles riman. Luego, señala las letras que se repiten en las partes que riman.

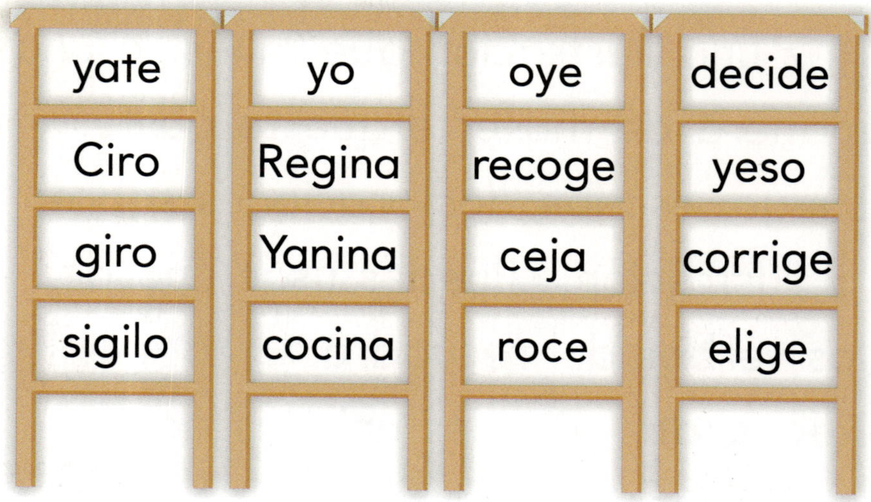

Geli y Celi

por Aiztinay Ticino
ilustrado por Rusty Fletcher

Un conejito dibujaba con su gemelo.
Se llamaban Geli y Celi.

Geli hizo un dibujo divertido.
¿Te parece bonito?

Celi acaba de leer un libro y
ahora hace un carrito ligero.

Mamá llama desde la cocina.
—¡Geli! ¡Celi!
Ya llega Celi.

Celi come mucho y Geli
no come nada.
¿Qué elige Geli ahora?

Geli elige un dibujo.
Es su favorito.
¿Qué te parece?

Palabras

Acciones y cosas Algunas palabras, como **lee** y **hace**, nombran acciones. Otras palabras, como **libro**, nombran cosas. Lee estas palabras.

> come dibujar llama carrito cocina

Dibuja una tabla como esta:

Acciones	Cosas

Usa la tabla para clasificar las palabras del recuadro. Una de esas palabras puede ir en las dos columnas según el modo en que se use. Agrega más palabras a la tabla.

Fonética

Palabras con que, qui, gue, gui y güe, güi Lee las palabras para seguir el camino. Indica qué palabras tienen **que** o **qui,** cuáles tienen **gue** o **gui** y cuáles tienen **güe** o **güi**.

Guille y Quito

por Aiztinay Ticino
ilustrado por Deborah Borgo

Guille corre. Quito, su pequeño
amiguito, lo sigue.

—Te veré después —dijo Quito.

Quito va a hacer una nota.

Guille va a hacer una nota.

—Es la nota para Guille.
Ojalá que le llegue rápido
—le dijo Quito a Papá.

—Es la nota para Quito. ¿Le
llegará rápido? —le preguntó
Guille a Papá.

La nota de Quito voló y giró.

—¡Síguela! —le dijo su papá ¡Qué
no caiga en el agüita! La nota de
Guille voló y giró.

—¡Agárrala! —le dijo su papá.

Guille y Quito se dieron una
mirada. Por último, Guille le
leyó la nota a Quito. Y Quito
le leyó su nota a Guille.

TEKS **1.1A** reconocer que las palabras habladas se representan en forma impresa; **1.3C** usar el conocimiento fonológico para emparejar sonidos

Palabras

Palabras de uso frecuente

Junto con un compañero, escribe cada una de estas palabras en dos tarjetas.

después último invitó cuánto preguntó

Memoria   Dispone las tarjetas boca abajo sobre una mesa. Túrnense con un compañero para elegir dos tarjetas cada uno. Lee las palabras. Si son iguales, quédatelas. Si no lo son, vuelve a ponerlas boca abajo sobre la mesa. ¿Quién puede quedarse con la mayor cantidad de tarjetas?

TEKS **1.3G** decodificar palabras que tengan las sílabas que-, qui-/ gue-, gui-/ güe-, güi-;
1.22D(iv) familiarizarse con palabras que contienen las sílabas que-, qui-/gue- gui-/güe-, güi

Fonética

Palabras con que, qui, gue, gui y güe, güi Lee todas las palabras. Identifica las que tienen estas sílabas. Luego, halla tres palabras alineadas que tengan la misma sílaba. Lee esas palabras nuevamente.

amiguito	quita	querido
cigüeña	quema	saque
quesito	pingüino	pegue

Mi gata desaparecida

por Aiztinay Ticino
ilustrado por
Kristen Goeters

—¿Qué pasa? —preguntó Queli.
—¡Mi querida gata Lugüerna no está aquí! —dijo Memo.

Memo llamó a su amiguito Guille
y lo invitó a su casa.
—¡Te ayudaré! —dijo Guille.

Guille miraba de lado a lado.
Queli miraba debajo del sofá.
Memo quitaba el reguero.

—¡Mira, está por aquí!
—dijo Guille—. Seguiré cada
pisada.

Por último, Guille dijo:
—¡Mírala! Está allá a lo lejos.

La gata desaparecida reposa
con cada pequeño gatito que
tuvo. ¡Lugüerna ya es mamá!

TEKS **1.9A** describir la trama/volver a contar los eventos de una historia; **1.15B** explicar el significado de señales/símbolos

Contar de nuevo

Sucesos Piensa en el cuento "Mi gata desaparecida". Esta es una lista de algunos de los lugares en donde los niños buscaron a la gata.

1. sofá
2. cocina
3. caja

Dibuja Haz un mapa que muestre estos lugares. Dibuja pisadas de gato para mostrar por dónde buscaron los niños. Usa tu mapa para contar de nuevo el cuento a un compañero.

TEKS **1.3G** decodificar palabras que tengan las sílabas que-, qui-/ gue-, gui-/ güe-, güi-;
1.22D(1iv) familiarizarse con palabras que contienen las sílabas que-, qui-/gue- gui-/güe-, güi

Fonética

Palabras con que, qui, gue, gui y güe, güi Lee cada oración. Di qué ilustración corresponde a cada una. Luego, vuelve a leer las oraciones y señala las palabras con **que, qui; gue, gui** y **güe, güi.**

El osito Guille no se quiere levantar.

¿Qué hace Paquito?

Ardilla Güerita sigue comiendo.

Poco a poquito

por Diego Mansilla

Guille invitó a su amiguita Queta
a la colina a ver el agüita clara.
Queta sube poco a poquito.

Es la pequeña Ana. Su jugada es
fabulosa.

Ella llega a la meta poco a
poquito.

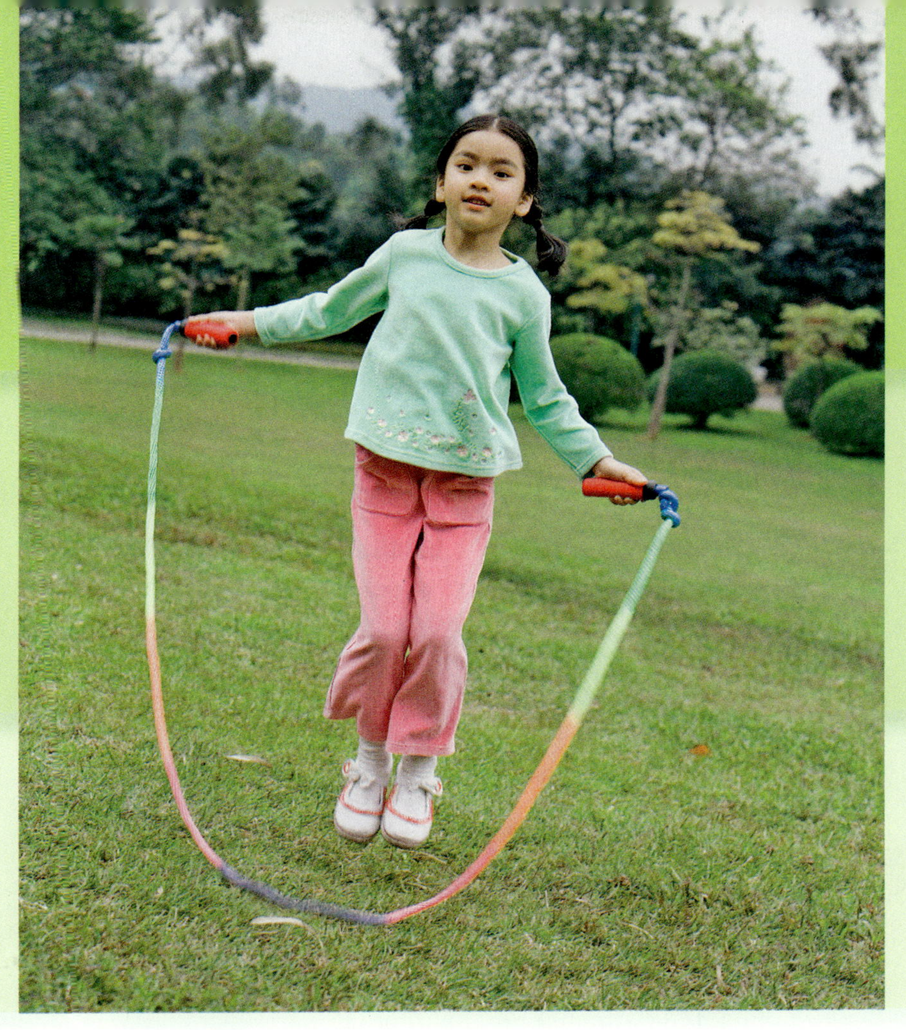

Gema se eleva poco a poquito.

Después se eleva rápido y seguido.

¡Dale, Gema, dale!

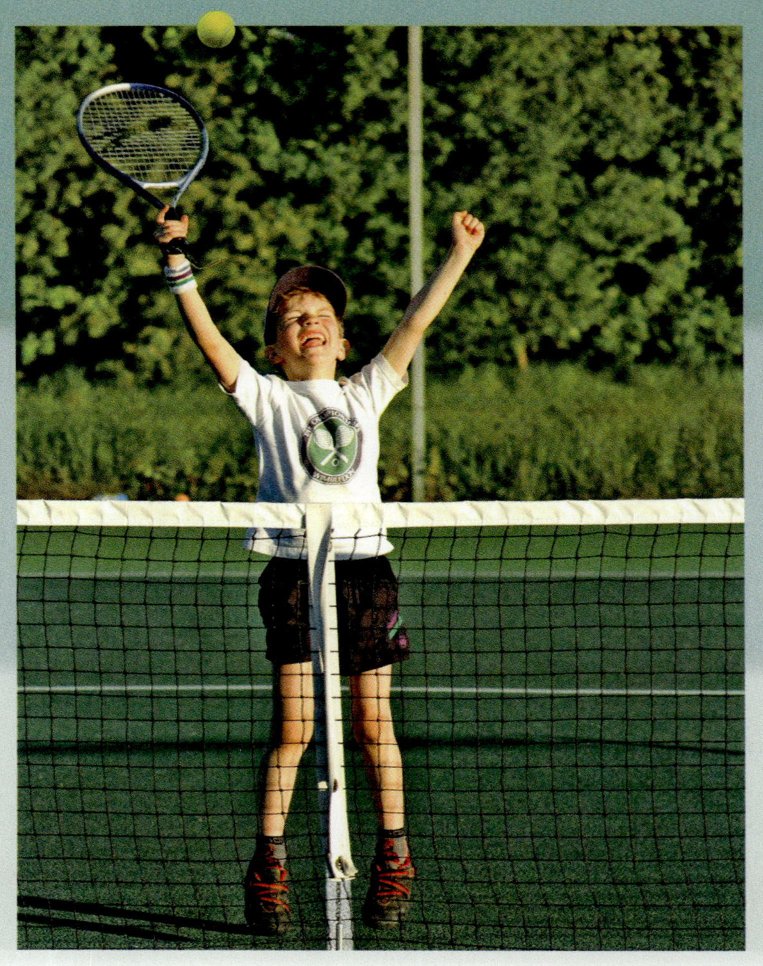

Guido le da a la pelota poco a
poquito.
Después le da mucho y seguido.
¡Gana, Guido, gana!

Cirilo corre poco a poquito.
Después, Cirilo corre mucho.
¡Corre, Cirilo, corre!

Tito no es el último.
Lo sigue una fila.
¡Sigue, Tito, sigue!

TEKS **1.1B** identificar las letras mayúsculas y minúsculas; **1.21B(2ii)** usar las reglas del uso de las mayúsculas en los nombres de las personas

Letras

Identificar letras Lee las siguientes palabras:

> Guille   colina   sigue   Queta   poquito

1. Señala los dos nombres, que empiezan con mayúscula. Léelos.

2. Señala la palabra que termina con **o**. Léela. ¿Es un nombre?

3. ¿Qué dos palabras terminan con **e**? ¿Cuál es un nombre? ¿Cómo lo sabes?

TEKS **1.3B** decodificar sílabas; **1.3E(i)** decodificar palabras en contexto incluyendo sílabas abiertas; **1.3E(8iv)** decodificar palabras por separado incluyendo grafías de consonantes

Fonética

Lee para repasar Usa lo que sabes sobre los sonidos y las letras para leer las palabras.

Sílabas abiertas con v, ñ, j, d, ch, y, ll

eje	dale	yema	ocho
año	llora	lavo	llave

Sílabas abiertas con ga, go, gu

gorro	gusano	goloso	gota
gato	goma	gana	mago

Sílabas abiertas con r media

morado	aro	era	pare
cariño	dorado	toro	será

Fonética

Lee para repasar Usa lo que sabes sobre los sonidos y las letras para leer las palabras.

Sílabas ce, ci, ge, gi, que, qui, gue, gui, güe, güi

cigüeña	agita	cera	agüita
hace	elige	queso	pague
cita	giro	quita	guiso

Forma y lee palabras Combina las sílabas para leer las palabras.

pa	ro	ca	ci	que	pe	ra

a	ma	ri	llo	a	llí

chi	qui	to	a	gi	ta	do

Listas de palabras

Para usar con
Gabo y el lobo

Ágata y Rigo

página 2

Palabras decodificables
Destreza clave: Sílabas abiertas con **g** (sonido suave: **ga, go, gu**), **d** y **v**: Ágata, agotada, agotado, amiga, amigo, animada, animado, da, dale, de, lado, pégale, Rigo, va

Destrezas enseñadas anteriormente:
a, anima, bate, cama, casa, corre, lo, mamá, mano, mocosa, mocoso, pasa, pelota, se, su, toma, tose

Palabras de uso frecuente
Nuevas: estaba, dijo

Enseñadas anteriormente:
con, el, en, está, la, qué, y

Así es Pato

página 10

Palabras decodificables
Destreza clave: Sílabas abiertas con **g** (sonido suave: **ga, go, gu**), **d** y **v**: amigo, de, divino, lago, laguna, lodo, modo, nada, va

Destrezas enseñadas anteriormente:
a, arriba, así, bonito, camina, iba, loco, loma, mete, Pato, patos, se, su

Palabras de uso frecuente
Nuevas: nadie, viene

Enseñadas anteriormente:
al, con, el, en, es, está, la, qué, un

Dina y su maleta

página 18

Palabras decodificables

Destreza clave: Sílabas abiertas con **g** (sonido suave: **ga, go, gu**), **d** y **v**: agarra, dame, de, Dina, goma, gorros, lado, regalo, saluda, todo, ve

Destrezas enseñadas anteriormente: a, Ana, animó, bonito, casa, corre, lo, maleta, Mamá, mete, minuto, pato, ropa, sacó, se, sí, sola, su

Palabras de uso frecuente

Nuevas: dijo, estaba

Enseñacas anteriormente: al, en, la, mucha, un, y

¡Qué animal fabuloso!

página 26

Palabras decodificables

Destreza clave: Sílabas abiertas con **ch, ñ** y **j:** baño, daño, deja, dibujo, jocoso, mucho, muchos

Destrezas enseñadas anteriormente:
a, agarra, animalito, así, bonita, camina, da, fabuloso, fatiga, lo, lodo, nada, o, pasito, paso, rato, reposa, roca, se, toca, todo, va, ve

Palabras de uso frecuente

Nuevas: animal, aquí, cómo, hace

Enseñadas anteriormente:
en, es, la, mucho, por, qué, un, una, vienen, y

¿Qué hace Papá?

página 34

Palabras decodificables

Destreza clave: Sílabas abiertas con **ch, ñ** y **j:** ficha, Nacho, peña, seña

Destrezas enseñadas anteriormente:
animado, cama, carrito, casa, cómo, de, lo, no, Papá, pone, roca, saca, sube, va

Palabras de uso frecuente

Nuevas: aquí, hace, mal

Enseñadas anteriormente:
en, está, la, para, por, qué, y

Un regalo para Papá

página 42

Palabras decodificables

Destreza clave: Sílabas abiertas con **ch, ñ** y **j:** Cachita, Chacho, dijo, Doña, fecha, mucha, muchachita, niña, Peña

Destrezas enseñadas anteriormente: a, ama, animado, da, gorra, mi, Papá, para, pone, rana, ranita, regalo, risa, saca, su, ve

Palabras de uso frecuente

Nuevas: aquí, estoy, hace

Enseñadas anteriormente: con, en, es, está, la, para, qué, un, una

SEMANA 3

En la colina   página 50

Palabras decodificables

Destreza clave: Sílabas abiertas con **ll** y **r** media: ella, llama, llegado, pero, Tello

Destrezas enseñadas anteriormente:
a, agota, apúrate, bajada, colina, da, lado, lo, loma, mí, nevada, para, pesada, rica, Sara, se, seña, sí, sube, subida, subo, uno, va

Palabras de uso frecuente

Nuevas: alguien, han, nos

Enseñadas anteriormente:
el, en, es, está, la, qué, y, yo

Arriba, arriba   página 58

Palabras decodificables

Destreza clave: Sílabas abiertas con **ll** y **r** media: allá, americana, bella, cariño, Charo, ella, llena, lleva

Destrezas enseñadas anteriormente:
amiga, anima, animada, año, arriba, casa, lado, mi, niño, no, saludo, se, sube, sujeta, uno, ve

Palabras de uso frecuente

Nuevas: dentro, estamos, nos

Enseñadas anteriormente:
aquí, de, es, está, la, por, qué, un, una, y, yo

Gallina y Pata

página 66

Palabras decodificables

Destreza clave: Sílabas abiertas con **ll** y **r** media: Gallina, maravilla, maroma, milla, orilla, pero

Destrezas enseñadas anteriormente:
a, aleja, ama, apurada, báñate, cálido, corre, dijo, lago, le, loma, moja, mucho, pasado, Pata, rato, reposo, se, so_o, toca

Palabras de uso frecuente

Nuevas: alguien, han

Enseñadas anteriormente:
de, el, en, es, está, hace, la, por, qué, un, una, y

¡Qué rica comida!

página 74

Palabras decodificables

Destreza clave: Sílabas abiertas con **c** (sonido suave: **ce, ci**), **g** (sonido fuerte: **ge, gi**) e **y:** cerrada, elige, parece, Yoli, Yuli

Destrezas enseñadas anteriormente:
a, abajo, arriba, baja, caja, comida, dejó, dibuja, dijo, ella, me, ramita, rica, roja, toma, usa, va, vecina

Palabras de uso frecuente

Nuevas: desde, divertido

Enseñadas anteriormente:
alguien, de, es, está, la, para, qué, una

Fabulosa Regina

página 82

Palabras decodificables

Destreza clave: Sílabas abiertas con **c** (sonido suave: **ce, ci**), **g** (sonido fuerte: ge, gi) e **y:** Cira, dice, gira, Regina

Destrezas enseñadas anteriormente:
bello, bonito, como, ella, fabuloso, fina, llamaban, maravillosa, maroma, palito, paró, pasito, pata, Renata, Rosa, sabe, se, Tina

Palabras de uso frecuente

Nuevas: divertido, hizo

Enseñadas anteriormente:
a, en, es, la, qué, un, una, y

Geli y Celi

página 90

Palabras decodificables

Destreza clave: Sílabas abiertas con **c** (sonido suave: **ce, ci**), **g** (sonido fuerte: **ge, gi**) e **y**: Celi, cocina, elige, Geli, gemelo, ligero, llega, parece, ya

Destrezas enseñadas anteriormente: acaba, bonito, carrito, come, conejito, dibujaba, dibujo, favorito, llama, Mamá, mucho, nada, no, se, su, te

Palabras de uso frecuente

Nuevas: desde, divertido, hizo, leer. libro, llamaban

Enseñadas anteriormente: con, de, es, hace, la, qué, un, y

SEMANA 5

Guille y Quito

página 98

Palabras decodificables
Destreza clave: Sílabas abiertas con
**qu (que, qui), gu (gue, gui) y gü
(güe, güi):** amiguito, Guille, llegue,
pequeño, Quito, sigue, síguela, agüita

Destrezas enseñadas anteriormente:
a, corre, dijo, giró, leyó, lo, llegará,
mirada, nota, ojalá, Papá, rápido, se,
su, te, va, veré, voló

Palabras de uso frecuente
Nuevas: después, dieron,
preguntó, último

Enseñadas anteriormente:
de, es, la, para, por, que,
una, y

Mi gata desaparecida

página 106

Palabras decodificables
Destreza clave: Sílabas abiertas con **qu
(que, qui), gu (gue, gui) y gü (güe,
güi):** amiguito, aquí, Guille, pequeño,
que, Queli, querida, quitaba, reguero,
seguiré, ya, Lugüerna

Destrezas enseñadas anteriormente:
a, allá, ayudaré, casa, debajo,
desaparecida, dijo, gata, gatito, lado,
llamó, lo, mamá, Memo, mi, mira,
miraba, mírala, no, pasa, pisada, rato,
reposa, sofá, su, te, tuvo, ya

Palabras de uso frecuente
Nuevas: después, invitó,
preguntó, último

Enseñadas anteriormente:
con, de, el, en, es, está, la,
por, qué, un, y

Poco a poquito

página 114

Palabras decodificables

Destreza clave: Sílabas abiertas con **qu (que, qui), gu (gue, gui) y gü (güe, güi):** amiguita, Guido, Guille, pequeña, poquito, Queta, seguido, sigue, agüita

Destrezas enseñadas anteriormente: a, Ana, Cirilo, colina, corre, da, eleva, ella, fabulosa, fila, gana, Gema, jugada, llega, lo, meta, mucho, no, pelota, poco, rápido, se, su, sube, Tito

Palabras de uso frecuente

Nuevas: después, invitó, último

Enseñadas anteriormentes: el, es, la, una, y